Dieses Buch gehört

Eva

Liebe Eltern,

wir wollen Ihr Kind beim Lesenlernen unterstützen, und zwar mit Geschichten, die Spaß machen.

Unsere Bücher mit dem liebenswerten Leselöwen begleiten Ihr Kind durch die 2. Klasse. Sie enthalten drei bis vier Geschichten zu einem spannenden Thema, mit einfachen Sätzen und gut lesbarer Schrift. Viele bunte Bilder sorgen für Lesepausen und helfen, die Geschichten zu verstehen. Mit den Aufgaben zum Text kann Ihr Kind selbst prüfen, ob es den Text richtig verstanden hat. Zu den markierten Wörtern warten am Ende des Buches spannende Fakten und in unserem Onlineportal finden Sie viele weitere Extras!

So wird Ihr Sohn oder Ihre Tochter zum echten Leselöwen!

Ihr
Leselöwe

Sabine Zett

Tiergeschichten

Illustriert von Elli Bruder

www.leseloewen.de

*Für Lucy und Kimba,
unsere vierbeinigen Familienmitglieder!*

ISBN 978-3-7432-0238-2
1. Auflage 2019
© 2019 Loewe Verlag GmbH, Bindlach
Umschlag- und Innenillustrationen: Elli Bruder
Umschlaggestaltung: Michael Dietrich
Vignetten Leselöwe: Angelika Stubner
Printed in the EU

www.loewe-verlag.de

Inhalt

Ein Name für die Klasse 8

Das beste Spiel aller Zeiten 24

Helden auf vier Pfoten 36

Der Elefant wird bunt................ 44

Ein Name für die Klasse

„Morgen ist Haustier-Tag.
Alle, die ein **Haustier** haben,
dürfen es zum Unterricht mitbringen
und vorstellen", sagt Herr Winter.
„Das interessanteste Tier wird
Namenspate unserer Klasse."

Am nächsten Morgen kommen
die Kinder mit
Hunden an der Leine,
mit Katzen-Körbchen und
mit Kleintier-Käfigen.
Aus allen Ecken bellt, miaut,
maunzt, fiept und pfeift es.

Antonia zeigt den anderen
ihre Katzen und erzählt,
wie sie mit einem Wollknäuel spielen.
„Nala findet den Anfang und das Ende
des Fadens – und Zula kann sogar die
Farben auseinanderhalten."

Auch die anderen Kinder berichten
von ihren Tieren.
Der Hund von Moritz
heißt Linus und **apportiert** gern.
„Jeden Morgen holt er
am Kiosk die Tageszeitung
und bringt sie uns."

Mateos Papagei kann Wörter nachsprechen. Sibel zeigt eine Schildkröte, die ihren Kopf unter dem Panzer versteckt. Theo hält seinen Hasen hoch, der die langen Ohren einrollen kann.

Es gibt Kaninchen, Goldfische,
Meerschweinchen und sogar
eine Eidechse.
Alle Haustiere sind interessant
und die Kinder
können sich nicht entscheiden,
welches sie am besten finden.

Nur Amelie sagt kein Wort,
obwohl sie einen Karton
vor sich stehen hat.
„Ist da dein Tier drin?",
fragt Julian, der neben ihr sitzt.
„Ich habe leider kein Tier.
Zeig doch mal!"

Amelie öffnet den Karton.
Drin ist ein
wuscheliger Eisbär zu sehen!
„Ich habe auch kein Haustier.
Aber für mich ist mein Bär
mein Glücksbringer!"

Die anderen Kinder lachen.
„Der Bär ist doch
gar nicht lebendig!
Amelie hat
ein Kuscheltier mitgebracht!"
Amelie macht den Karton zu
und sieht wütend aus.

Julian ruft: „Ich habe Dino!
Er fährt mit mir in den Urlaub
und übernachtet immer
in meinem Bett!"
„Wer hat ein Kuscheltier zu Hause?",
fragt Herr Winter.
Jetzt melden sich fast alle.

Aber welchen Namen sollen sie
für ihre Klasse auswählen?
Die Kinder streiten herum.
„Mein Tier ist am besten!", rufen sie. –
„Nein, meins!"

Da wiehert es draußen
am Schulhoftor. Tida kommt
auf einem Pferd angeritten!
Die Klasse läuft hinaus und
der Schuldirektor ruft:
„Hoppla! Das Pferd darf nicht ins
Schulgebäude hinein!"

„Das ist ungerecht!",
sagt Tida.
„Ich möchte ihn vorstellen.
Lucky springt gern und
er liebt Möhren über alles.
Er kann nichts dafür,
dass er so groß ist."

Herr Winter hat eine Idee. „Lucky passt vielleicht durch den Turnhallen-Eingang. Wir machen den Unterricht einfach dort weiter."

Jetzt stehen alle um das Pferd herum
und streicheln es.
„Lucky heißt doch glücklich",
sagt Vincent. „Wäre ‚Glück' nicht
ein guter Name
für unsere Klasse?"

Diesen Einfall finden alle super.
„Ob lebendige Tiere oder Kuscheltiere – sie bringen uns allen Glück!", ruft Theo.
„Von nun an sind wir die Glücksklasse!"

Das beste Spiel aller Zeiten

Jeden Abend langweilen sich die Tiere auf dem Bauernhof. „Es ist noch gar nicht dunkel und auf der Wiese ist nichts mehr los!", beschwert sich die Kuh. „Ich will Spaß!"

Das Schaf hebt den Kopf hoch und nickt. „Ja, mir ist auch so langweilig!"
Es gähnt und schüttelt sein Fell. „Immer nur essen, stehen, gehen, essen, stehen, gehen, essen, stehen ..."

„Schon gut, wir haben
verstanden!", meckert ihn
die Ziege an. „Aber es stimmt.
So geht es mir auch."
Sie sieht ihre Freunde an.
„Leute, es muss
etwas passieren!"

Aus dem Stall stolziert
der Hahn und kräht laut.
„So eine Unverschämtheit!
Die Hühner spielen gerade
Tier ärgere dich nicht,
aber sie lassen mich
nicht mitspielen."

Gute Idee! Sie würden auch ein Spiel zusammen spielen! Aber welches? Alle reden sofort durcheinander und wollen die anderen übertönen. Jeder glaubt, die beste Spielidee zu haben.

Die Kuh entdeckt einen Ball,
der unter dem Apfelbaum liegt.
„Fußball! Wir spielen Fußball!
Ich bin Stürmerin
und schieße ein Tor!"
Sie rennt drauflos.

Das Schaf überholt die Kuh und
die fordert einen Elfmeter.
Die Ziege meckert, weil sie
den Ball nicht bekommt, und
der Hahn kräht dazwischen:
„Lasst uns Verstecken spielen!"

Der Hahn beginnt,
bis zehn zu zählen.
Also lassen die Freunde
den Ball liegen
und laufen ganz schnell
hinter einen Baum.

„Rennen gefällt mir besser!
Lasst uns Fangen spielen!",
ruft die Ziege und vergisst,
sich zu verstecken.
Sie läuft auf ihre Freunde zu
und schnappt einen
nach dem anderen.

Die Kuh und der Hahn schimpfen, aber die Ziege ist nicht zu bremsen. Da kommt ein Esel auf die Wiese. „Ihr spielt ja ein cooles Spiel! Darf ich mitmachen?"

Die Tiere wundern sich.
„Cooles Spiel? Welches meinst du denn?
Wir sind uns noch gar nicht richtig einig!"

Der Esel schüttelt den Kopf.
„Ich habe es genau gesehen!
Ihr spielt Fuß-Fang-Versteck!"
Die Freunde lachen. „Stimmt.
Und bei diesem Spiel ist
für jeden etwas dabei!"

Helden auf vier Pfoten

Melissa und Adrian gehen
mit ihren Hunden spazieren.
Auf der Wiese lassen sie Lucy
und Kimba von der Leine los.
Der kleine Mischling und der
Labrador toben über die Wiese
bis zum angrenzenden Wald.

Da läuft eine Entenfamilie
quer über das Gras.
Die Mama vorneweg und hinter ihr
watscheln sieben kleine Küken.
„Sie wollen zum Bach",
sagt Melissa.
„Lucy! Kimba! Bei Fuß!"

Aber die Hunde gehorchen nicht!
Sie spitzen die Ohren und
verschwinden im Gebüsch.
„Sie sind noch nie weggelaufen!"
Die beiden Freunde
sehen sich erschrocken an.
„Hinterher!"

Im Gebüsch sind die Hunde
nicht mehr, stattdessen hören
Melissa und Adrian
ein Motorgeräusch,
das immer näher kommt.
Ein Traktor fährt
auf die Wiese!

Der Mann am Steuer
sieht die Entenfamilie nicht.
„Er wird die Küken überfahren!
Wir müssen ihn irgendwie
stoppen!", ruft Adrian.

Da ertönt lautes Gebell.
Lucy und Kimba
kommen angerannt.
Sie stürmen vor den Traktor,
springen wild umher
und bellen lautstark.

Der Bauer bremst stark ab und
bleibt dann stehen. „Was ist
denn hier los?", fragt er.
Die Hunde hören auf zu bellen.
Melissa zeigt auf die Enten,
die im hohen Gras
kaum zu sehen sind.

„Oje!", sagt der Mann.
„Ihr seid ja tolle Hunde,
gut, dass ihr da wart!"
Das finden Melissa und Adrian
auch – und für die
vierbeinigen **Helden** gibt es
eine Extraportion Leckerli.

Der Elefant wird bunt

Elefant Ole betrachtet sich von allen Seiten. „Heute kommen Kinder in den Zoo. Ob sie mich mögen werden?" Pfau Karl-Heinrich mischt sich ein. „Du bist grau, grau, grau. Das ist langweilig!"

Ole fragt das Zebra um Rat.
„Wie bekomme ich so ein Muster
wie du? Dich mögen die Leute."
Das Zebra holt einen Farbkasten.
„Ich kann dir ein paar
schwarz-weiße Streifen
auf deinen Bauch malen."

Ein Flamingo kommt vorbei.
„Du brauchst mehr Farbe!
Mein Pink leuchtet so schön!"
Er taucht den Pinsel in
ein kräftiges Rosa und
bemalt damit den Kopf und
die Beine des Elefanten.

Doch Ole ist nicht zufrieden.
„Farbe ist gut. Aber
vielleicht noch etwas Grün
wie das Krokodil?
Oder Rot wie beim Papagei?"
So werden sein Rüssel rot
und die Ohren grün.

Auf dem Weg zurück hält Ole am Giraffenhaus an. „Hey! So schöne Flecken auf dem Körper will ich auch!" Zwei Giraffen malen ihm ein Muster auf den Rücken.

Ole geht nach Hause und sicht sich im Wasserbecken an. „Ich bin jetzt das bunteste Tier im Zoo", freut er sich. „So werde ich den Kindern bestimmt gefallen."

Am Nachmittag kommt eine
Schulklasse in den Tierpark.
Die Kinder bringen Möhren mit
und laufen zum Elefantengehege.
„Was ist das für ein
komisches Tier?", fragen sie.
„Wo ist der richtige Elefant?"

Ole wedelt mit seinem Rüssel:
„Ich bin es! Ich bin hier!"
Aber die Kinder hören ihm
nicht zu. „Der frühere war
viel schöner als dieser hier.
Schade, dass er
nicht mehr da ist!"

Ole kann es nicht glauben.
Jetzt hat er sich so viel Mühe
gegeben und die Kinder finden
seine graue Haut besser?
Kann das sein?
Er nimmt Anlauf und springt
in das Wasserbecken.

Die Farbe löst sich ab und hinterlässt bunte Flecken. Ole klettert aus dem Wasser. „Juhu! Er ist doch noch da!", jubeln die Kinder. „So wunderbar grau bist du der schönste Elefant auf der Welt!"

Fragen und Antworten

1. Was hat Amelie für ein Tier dabei? Bringe die Buchstaben in die richtige Reihenfolge.

RUSTKEICHEL

KUSCHEITIER

Antwort: Kuscheltier

2. Nach welchem Tier wird die Klasse benannt? Kreise ein.

Antwort: Nach Tidas Pferd Lucky

3. Was heißt „Lucky" auf Deutsch? Kreuze an.

- ☐ Traurig
- ☐ Langweilig
- ☒ Glücklich

Antwort: Glücklich

4. **Wobei darf der Hahn nicht mitspielen? Kreuze an.**

- ☐ Mensch ärgere dich nicht.
- ☒ Tier ärgere dich nicht.
- ☐ Huhn ärgere dich nicht.

Antwort: Tier ärgere dich nicht.

5. **Welche drei Spiele kombinieren die Tiere auf dem Bauernhof? Bringe die Silben in die richtige Reihenfolge.**

GEN FUSS FAN CKEN VER STE BALL

Antwort: Fangen, Fußball, Verstecken

6. **Wie viele Küken hat die Henne auf der Wiese? Rechne aus und kreuze an.**

- ☐ 19-8= 11
- ☒ 21-14= 7
- ☐ 28-19= 9

Antwort: 21-14=7 Küken

Fragen und Antworten

7. **Lies genau in Spiegelschrift. Wovor retten die Hunde die Küken?**

☐ Trektor

☒ Traktor

☐ Tracktor

Antwort: Traktor

8. **Was sagt der Pfau zum Elefanten? Kreuze an.**

☐ Du bist blöd, blöd, blöd. Das ist blöd.

☒ Du bist grau, grau, grau. Das ist langweilig.

☐ Du bist groß, groß, groß. Das ist hässlich.

Antwort: Du bist grau, grau, grau. Das ist langweilig.

9. Welches Tier malt dem Elefanten kein Muster auf den Körper? Kreise ein.

Antwort: Der Pfau

10. Wie finden die Kinder den Elefanten schöner?

Antwort: grau

Schon gewusst?

Haustier (Seite 8):

Haustiere sind Tiere, die nicht in freier Wildbahn leben, sondern bei Menschen. Es gibt Nutztiere, wie zum Beispiel Rinder, und Tiere, die zum Vergnügen gehalten werden. Hunde gibt es schon seit über 15.000 Jahren als Haustiere, Wellensittiche erst seit ungefähr 200 Jahren.

Apportieren (Seite 11):

Das Wort „apportieren" kommt aus dem Französischen, wo es „herbeibringen" bedeutet. Bei der Jagd apportiert der Jagdhund die erlegten Tiere und bringt sie zum Jäger. Aber auch viele ganz normale Hunde apportieren gern und spielen zum Beispiel das Stöckchen-Spiel oder holen die Zeitung.

Labrador (Seite 36):

Labradore sind eine kräftig gebaute Hunderasse mit breitem Schädel. Sie sind gutmütige und neugierige Hunde. Früher wurden sie oft als Jagdhunde gehalten und können sehr gut apportieren.

Helden (Seite 43):

Ein Held ist jemand, der eine besondere Leistung vollbringt, eine Heldentat. Das schafft er, weil er besonders stark oder auch besonders mutig oder klug ist.

El**e**fant (Seite 45):

Nicht alle Elefanten sind grau, ganz selten gibt es auch weiße Elefanten. In Thailand sind die weißen Elefanten heilig und gelten als Zeichen für königliche Macht.

Blättere schnell um und trage die roten Buchstaben in der richtigen Reihenfolge in die Kästchen ein!

Sabine Zett schreibt sowohl Kinder- und Jugendbücher als auch Hörspiele, Romane und Songtexte. Ihre Werke wurden mehrfach ausgezeichnet und in viele Sprachen übersetzt. Die Autorin setzt sich für die Leseförderung von Kindern ein und wurde von der Stiftung Lesen zur offiziellen Lese-Botschafterin ernannt.

Elli Bruder hat schon als kleines Mädchen gern Bildergeschichten für ihre Geschwister gemalt. Heute arbeitet sie als Grafikerin und Illustratorin für verschiedene Kinderbuchverlage. Sie lebt mit ihrer Familie und vielen Tieren in der Nähe des Ratzeburger Sees in Norddeutschland.

Das Leselöwen-Lösungswort

Besuche den Leselöwen auf
www.leseloewen.de und trage
die farbigen Buchstaben
von der Seite *Schon gewusst?*
in der richtigen Reihenfolge
in die magische Box ein.

S P I L E

Wenn du das Lösungswort
gefunden hast, kommst du
auf die geheime Seite mit vielen
weiteren Spielen und Rätseln!

Der Leselöwe freut sich auf dich!

Jetzt online!